JOHANN SEBASTIAN BACH

CANTATA

Liebster Jesu, mein Verlangen
Dearest Jesus, sore I need Thee
(Dominica 1 post Epiphanias)

for 2 Solo Voices, Chorus and Chamber Orchestra
für 2 Solostimmen, Chor und Kammerorchester
BWV 32

Edited by/Herausgegeben von
Hans Grischkat

T0081298

Ernst Eulenburg Ltd

London · Mainz · Madrid · New York · Paris · Prague · Tokyo · Toronto · Zürich

English translation by Henry S. Drinker

Aufführungsdauer:
Duration: 24 (5 - $^1/_2$ - 8 - $2^3/_4$ - $5^1/_4$ - $1^1/_2$) Min.

J. S. BACH, KANTATE 32

«Liebster Jesu, mein Verlangen»

Unter den zweihundert Kirchenkantaten Bachs finden wir insgesamt dreiundfünfzig Solo-Kantaten. In zwölf dieser Kantaten ist der Chor überhaupt nicht beschäftigt, in einundvierzig hat er nur einen einfachen Schluß-Choral zu singen. Innerhalb dieser Reihe der Solo-Kantaten hat Bach fünf Werke als «Dialogus» bezeichnet. Es sind dies die vorliegende Kantate

Nr. 32 «Liebster Jesu, mein Verlangen»
Nr. 49 «Ich geh und suche mit Verlangen»
Nr. 57 «Selig ist der Mann»
Nr. 58 «Ach Gott, wie manches Herzeleid» (2. Komposition)
Nr. 60 «O Ewigkeit, du Donnerwort» (2. Komposition).

Die vier ersten sind Gespräche zwischen der Seele (Sopran) und Jesus (Baß), die letzte dieser Kantaten ist ein Dialog zwischen Furcht (Alt) und Hoffnung (Tenor). Über diese fünf Kantaten hinaus, die vom Anfang bis zum Schluß in Dialogform geschrieben sind, enthalten noch weitere sieben einzelne Dialogpartien:
Vier Partien mit Dialog Seele und Jesus in

Nr. 21 «Ich hatte viel Bekümmernis»
Nr. 140 «Wachet auf, ruft uns die Stimme»
Nr. 145 «Ich lebe, mein Herze, zu deinem Ergötzen»
(So du mit deinem Munde)
Nr. 152 «Tritt auf die Glaubensbahn»

eine Partie mit Dialog Furcht und Hoffnung (Alt—Tenor):

Nr. 66 «Erfreut euch, ihr Herzen»

eine Partie mit Dialog Seele und Heiliger Geist (Sopran—Alt):

Nr. 172 «Erschallet, ihr Lieder»

eine Partie mit Dialog ohne nähere Angaben (Alt—Tenor):

Nr. 134 «Ein Herz, das seinen Jesum lebend weiß».

Hier sei auf eine merkwürdige Ausnahme-Besetzung hingewiesen: Wir sind es gewohnt, daß Bach Christusworte stets einer Baß-Stimme anvertraut, in der Passion ebenso wie in den oben erwähnten Dialog-Kantaten. Lediglich ein einziges Mal, im Dialog-Duett der Kantate Nr. 145, läßt er die Christusworte von einer Tenorstimme singen.

Die vorliegende Kantate «Liebster Jesu, mein Verlangen» ist auf den ersten Sonntag nach dem Erscheinungsfest geschrieben. Sie behandelt in enger Anlehnung an das Sonntags-Evangelium Lukas 2, 41-52 die Darstellung vom zwölfjährigen Jesus im Tempel als Dialog zwischen der suchenden Seele und Christus. Die erste Arie ist ein ruhiges, ausdrucksvolles Duett der Sopranstimme mit der Oboe, das von zart getupften Streicher-Akkorden begleitet wird. Welch verinnerlichter Überschwang liegt schon in den ersten Tönen der Oboe oder der Singstimme. Nach einem kurzen Rezitativ folgt die kraftvolle, von einer Solo-Violine begleitete Baß-Arie «Hier, in meines Vaters Stätte». Von hoher Feierlichkeit ist der Wechselgesang im nächsten Rezitativ erfüllt; gibt doch Bach hier ähnlich wie in den Christus-Rezitativen der Matthäus-Passion das Streichorchester als Begleitung hinzu. Besonders schön ist dabei die Stelle, an der nach der ersten Wechselrede bei den Worten «Wie lieblich ist doch deine Wohnung, Herr, starker Zebaoth» die Streicher aus den gehaltenen Akkorden in die Achtelbewegung übergehen. An dieses Rezitativ schließt sich ein dithyrambisches Duett an. Dr. Alfred Heuss, der in früheren Jahren so oft die Einführungen für die Festbücher der deutschen Bachfeste schrieb, sagt darüber: «Auch hier stehen die schnellenden Bässe bereits nur noch halb auf der Erde, das gemeinschaftliche Hauptmotiv der Sing- und Instrumentalstimmen ist ein elementar springendes Kraftmotiv in leuchtenden Sexten, das die ersten Violinen mit federnden Sechzehnteln umspielen. Alles ist Kraft, erhöhtes Leben, herrlich, wie das Verschwinden von Schmerz in ein paar Takten gezeigt wird. Man vergißt das Duett nicht leicht wieder, hat man es nur einmal entsprechend gehört.» Die zehnte Strophe des Liedes «Freu dich sehr, o meine Seele» beschließt als einfacher vierstimmiger Choral diese in allen Teilen gleich wertvolle Kantate. Das leicht aufführbare Werk — braucht man doch nur zwei Solisten und im Orchester außer den Streichern nur eine Oboe — sei für Aufführungen nachdrücklich empfohlen.

Die Kantate wurde erstmalig im Jahre 1857 in Band VII der Alten Bachausgabe veröffentlicht. In der Neuen Bachausgabe liegt sie bis heute noch nicht vor. Für unsere Taschenpartitur-Ausgabe wurden die Originalpartitur und die Originalstimmen noch einmal eingehend zu Rate gezogen. Partitur (P 126) und Stimmen (St 67) befinden sich im Besitz der ehem. Preußischen Staatsbibliothek Berlin. Der Bibliothek sei auch an dieser Stelle für die Unterstützung bei der Benutzung der Handschriften Dank gesagt.

In der gesamten Bach-Literatur (Spitta, Steglich, Terry u. a.) werden die späten Leipziger Jahre 1738—1740 als Entstehungszeit der Kantate genannt. Nach neueren Forschungen, die Alfred Dürr im Bach-Jahrbuch 1957 veröffentlichte, entstand die Kantate aber bereits im Jahre 1726 und wurde am ersten Sonntag nach Epiphanias, dem 13. Januar, erstmalig aufgeführt.

Über Einzelheiten der Revision dieser Taschenpartitur-Ausgabe sei im folgenden berichtet:

Nr. 1 Sopran-Arie

Die Bogensetzung in der Oboenstimme ist ziemlich eindeutig, da im allgemeinen Parallelstellen analog dem ersten Auftreten einer Wendung ergänzt werden konnten. Einige Inkonsequenzen der Alten Bachausgabe wurden verbessert. Zweifelhaft waren lediglich ein paar Stellen, bei denen entweder Partitur und Stimmen voneinander abwichen oder die verschiedenen Parallelstellen abweichende Lesarten brachten. Es sind dies:

a) die letzten acht Zweiunddreißigstel der Takte 5, 15 und 42. In Takt 5 steht in Partitur und Stimmen ein Bogen über alle acht Noten. In Takt 15 und 42 fehlt in der Partitur der Bogen, sollte also wohl entsprechend der Lesart in Takt 5 ergänzt werden. Die Stimme bringt dagegen in Takt 15 zwei Bögen über je vier Noten, Takt 42 ohne Bogen. In unsere Taschenpartitur wurde die Lesart von Takt 5 für alle drei Stellen übernommen.

b) Die acht Zweiunddreißigstel auf das zweite Viertel der Takte 8, 23, 34 und 49 sind in der Originalpartitur in Takt 8 mit einem Bogen über die ganze Gruppe versehen. In der Stimme finden wir in Takt 8, 34 und 49 keinen Bogen, während in Takt 23 ein Bogen über der fünften bis achten Note steht. Die Lesart der Partitur für Takt 8 wurde für alle vier Stellen übernommen.

c) Die letzten drei Noten der Takte 4, 8, 10, 14, 23, 24, 28, 41 und 49 stehen in der Partitur immer ohne Bogen. In der Stimme finden sich allerdings in Takt 4 — also beim ersten Auftreten dieser Wendung — ein einziges Mal ein Bogen. In unsere Taschenpartitur wurde die Lesart ohne Bogen übernommen.

Die Alte Bachausgabe bringt ebenso wie alle Klavierauszüge den falschen Text «... und nicht ferner bei mir führen» (statt spüren); dieser Lesefehler ist wohl durch die alte Schreibweise «spühren» entstanden.

Nr. 2 Rezitativ

Die vorletzte Note des Basses heißt in der Originalpartitur h. In der Originalstimme ist dieses h in d abgeändert. Obwohl gerade das h den Ausdruck dieser Stelle besonders gut trifft, habe ich — wie der Herausgeber der Alten Bachausgabe — für die Taschenpartitur-Ausgabe die Fassung der Stimme mit d übernommen.

Nr. 4 Rezitativ

Auch hier bringen in Takt 15 die Alte Bachausgabe wie alle Klavierauszüge den falschen Text «nun» (statt nur).

Nr. 5 Duett

Der Herausgeber der Alten Bachausgabe schlägt in den Takten 2 und 38 mit Rücksicht auf die Führung der Bratsche auf dem dritten Viertel in der Violine I die Änderung des fis in f vor. Ich halte diese Änderung, da sie die melodische Führung der Violine I beträchtlich stört, nicht für berechtigt. Dagegen scheint mir in Takt 34 die ebenfalls vom Herausgeber der Alten Bachausgabe vorgeschlagene Änderung des dritten Achtels der Viola von h in b vertretbar zu sein.

Auffallend ist die eigentümliche Bezifferung (6) in der Originalpartitur auf dem letzten Achtel der Takte 7 und 43; denn beziffert sind in der ganzen Kantate sonst nur die Rezitative. Außerdem findet sich die Bezifferung wie üblich nur in der transponierten Continuostimme und nicht in der Partitur.

In Takt 11 und 12 der Violine II weichen Originalpartitur und Stimme voneinander ab. Die Partitur bringt auf dem dritten Viertel von Takt 11 und dem ersten Viertel von Takt 12 je eine Viertelnote a, die Stimme in Takt 11 zwei Achtelnoten a g, in Takt 12 wieder zwei Achtelnoten cis a. In unsere Taschenpartitur wurde — wie schon in der Alten Bachausgabe — die Fassung der Stimme übernommen.

In Takt 33 der Violine I setzt Bach in der Originalpartitur vor die zweite und vierzehnte Note ein ♮ , während vor der siebten und elften Note keine Vorzeichen stehen. Das bedeutete nach damaliger Schreibweise für die siebte und elfte Note cis. Der Schreiber der Stimme setzt aber ausdrücklich vor alle vier Noten ein ♮ , verlangt also auch für die siebte und elfte Note c. Für unsere Taschenpartitur habe ich mich — wie auch der Herausgeber der Alten Bachausgabe — für die Lesart der Partitur entschieden.

In Takt 60 des Continuo stehen die drei Achtelnoten in der Mitte des Taktes in der transponierten Continuostimme eine Oktave höher als in der Originalpartitur und der nichttransponierten Continuostimme. Diese Versetzung in die höhere Oktave, die Bach sicherlich nur notgedrungen mit Rücksicht auf den Umfang des Orgelpedals vornahm, hat der Herausgeber der Alten Bachausgabe übernommen, während ich für unsere Taschenpartitur die tiefere Oktave, also die Fassung der Originalpartitur und der nichttransponierten Continuostimme, gewählt habe.

Ob die in Takt 62 der Baß-Stimme durch kleine Noten angegebene Abweichung der Stimme von der Originalpartitur tatsächlich als für die Praxis ausgeschriebener Vorschlag anzusehen ist, wie dies E. Dannreuther in seinem Aufsatz «Die Verzierungen in den Werken von J. S. Bach» im Bach-Jahrbuch 1909 Seite 71 annimmt, mag dahingestellt sein.

Nr. 6 Choral

Der Herausgeber der Alten Bachausgabe setzt in den Instrumentalstimmen eine ganze Anzahl Bögen, die sich aber im Original weder in der Partitur noch in den Stimmen finden, mit Ausnahme eines einzigen Bogens über den beiden Achteln der Viola in Takt 4.

Stuttgart, im September 1963　　　　　　　　　　　　　　　　Hans Grischkat

E. E. 6153

Allgemeines zur Editionstechnik der Bach-Kantaten

Bei den vorliegenden Taschenpartituren handelt es sich um eine Veröffentlichung für die Praxis, nicht um eine wissenschaftliche Ausgabe. Darum werden die Chorstimmen im Violin- bwz. oktavierenden Violin- und Baß-Schlüssel notiert. Verschiedenheiten der äußeren Schreibform (♪♩♪♪ neben ♪♩♩♪ u. ä.) werden, ohne im einzelnen darüber zu berichten, vereinheitlicht.

Artikulationsbögen und Verzierungen, die aus Analogiegründen gesetzt werden sollten, werden in Klammern hinzugefügt.

Die Versetzungszeichen (♯ ♭ ♮) werden nach heutigem Brauch verwendet. Lediglich die Wiederholung eines in einem Takt mehrmals vorkommenden Versetzungszeichens wird, da auch für die Praxis ratsam, vielfach übernommen.

Bei der Wiedergabe der Texte wird die heutige Rechtschreibung gewählt, daneben aber weitgehend auf die Beibehaltung alter Wort- und Lautformen geachtet (stunden—bunden—kömmt—versammlet—Hülfe—darzu).

Textwiederholungen, die Bach häufig nur durch das Zeichen ✗ andeutete, werden ausgeschrieben.

H. G.

J. S. BACH, CANTATA No. 32
Dearest Jesus, sore I need Thee

Amongst Bach's more than two hundred church cantatas we find a total of 53 solo cantatas. Twelve of these do not utilise the choir at all, and in the remaining 41 it merely sings the final chorale. Of these 53 solo cantatas Bach himself has designated five as «Dialogue», namely the present cantata

No. 32 «Liebster Jesu, mein Verlangen»
No. 49 «Ich geh und suche mit Verlangen»
No. 57 «Selig ist der Mann»
No. 58 «Ach Gott, wie manches Herzeleid» (2nd setting)
No. 60 «O Ewigkeit, du Donnerwort» (2nd setting)

Nos. 32, 49, 57 and 58 are dialogues between the soul (soprano) and Jesus (bass); No. 60 is a dialogue between Fear (alto) and Hope (tenor). Beyond the above mentioned five cantatas which are written in this dialogue form throughout, seven further cantatas contain isolated dialogue sections:
Four dialogue sections Soul and Jesus in

No. 21 «Ich hatte viel Bekümmernis»
No. 140 «Wachet auf, ruft uns die Stimme»
No. 145 «Auf, mein Herz, des Herren Tag»
No. 152 «Tritt auf die Glaubensbahn»

One dialogue section Fear and Hope (alto—tenor):

No. 66 «Erfreut euch, ihr Herzen»

One dialogue section Soul and Holy Ghost (soprano—alto):

No. 172 «Erschallet, ihr Lieder»

One dialogue section (unspecified) (alto—tenor):

No. 134 «Ein Herz, das seinen Jesum lebend weiß»

It may be of interest to point out one rather unusual setting: As a rule Bach always entrusted the words of Christ to a bass, in his passions as well as in the above mentioned dialogue cantatas. There is only one single instance, namely in the dialogue-duet of Cantata No. 145, that the words of Christ are sung by the tenor.

The present cantata «Liebster Jesu, mein Verlangen» was written for the first Sunday after Epiphany and adheres strictly to the gospel of that Sunday (Luke 2, 41-52). It deals with the presentation of Jesus in the temple, in the form of a dialogue between the searching soul and Jesus. The first aria is a quiet, expressive duet between the soprano voice and the oboe, accompanied by gentle, isolated string chords. Already in the very first notes of the oboe or the solo voice there is an ecstatic devotion. A short recitative is followed by the forceful bass aria «Hier, in meines Vaters Stätte», accompanied by a solo violin. The alternations in the following recitative are full of majesty, and, as in the St. Matthew Passion in the Christ recitatives, Bach uses the string orchestra as an accompaniment. After the first dialogue the words «Wie lieblich ist doch deine Wohnung» are of special beauty, when the held chords of the strings gently change into a quaver pattern. — This recitative is followed by a dithyrambic duet, about which Dr. Alfred Heuss (who in former days frequently wrote the introductions to the festival books of the German Bach festivals) says: «Here again the upward surging basses appear to be leaving the earth. The main motive, which the vocal and instrumental parts have in common, is an elementary motive of resilient strength with its glowing sixths around which the first violins weave their shimmering semi-quavers. Everything is power, glory, life on a higher plane, and within the space of a few bars all pain vanishes. When once heard properly, this duet will not easily be forgotten.» Finally the tenth verse of the chorale «Freu dich sehr, o meine Seele» in a simple four-part setting concludes this cantata which is perfect in all its parts. As the work only requires two soloists and an orchestra of strings with one oboe, it is easy to perform and can be recommended most emphatically.

The cantata was first published in 1857 in Vol. VII of the old Complete Edition, and up to date it has not yet been issued by the new Bach Edition. For the publication of the present miniature score the original score (P 126) and parts (St 67), both in the possession of the former Prussian State Library, Berlin, were consulted, and the editor wishes to extend his grateful acknowledgement to the library for its help in placing these manuscripts at his disposal.

The entire Bach literature (Spitta, Steglich, Terry etc.) places the composition of this cantata into the latter part of the Leipzig period, between 1738 and 1740. According to the latest research, however (as published by Alfred Dürr in the Bach Yearbook 1957), the cantata was composed as early as 1726 and first performed on the first Sunday after Epiphany, on 13th January.

Stuttgart, September 1963   Hans Grischkat

General remarks on the revision of the Bach Cantatas

These present miniature scores are designed for practical use and are not a musicological edition. For this reason all vocal parts are printed in the treble and bass clef, or in the treble clef at the octave.

External differences of notation (♪♫♪ for ♪♫♪ and similar instances) are treated in uniform manner without detailed comment.

Phrasing marks and ornaments, when necessary by reason of analogy, are added in brackets.

Accidentals (♯♭♮) are placed in accordance with present day usage. Repetitions of recurring accidentals within the same bar, however, are frequently adhered to, as this is also advisable for practical reasons.

The German texts are reproduced in modern spelling, but much attention is given to the retention of old forms of words and vowels.

Repetitions in the text, which Bach often merely indicated by the sign ✗ , are printed in full.

Hans Grischkat

Liebster Jesu, mein Verlangen

Dominica 1 post Epiphanias

Johann Sebastian Bach
1685 - 1750

1. Aria

© 1964 Ernst Eulenburg & Co GmbH

4

Ob.

Vl. I

Vl. II

Vla.

S.

Soll ich dich so bald ver - lie - ren, so bald, so bald, und nicht fer - ner bei mir
Wilt Thou be no more be - side me? No more, no more? Wilt Thou now no lon - ger

C.

Ob.

Vl. I

Vl. II

Vla.

S.

spü-ren, soll ich dich so bald ver - lie - ren, und nicht fer-ner bei mir
guide me? Wilt Thou be no more be - side me? Wilt Thou now no lon-ger

C.

Ob.

Vl. I

Vl. II

Vla.

S.

spü-ren, soll ich dich so bald ver - lie - ren, so bald, so bald ver-lie-ren, und nicht
guide me? Wilt Thou be no more be - side me, no more, no more be-side me? Wilt Thou

C.

5

E. E. 6153

2. Recitativo

Was ist's, was ist's, daß du mich ge-su-chet? Weißt du nicht, daß ich sein —muß in
How now, how now is it that ye sought me? Wist ye not, wist ye not that I must

dem, in dem, das mei-nes Va-ters ist?
be, must be a-bout my Fa-ther's bus'-ness?

E. E. 6153

3. Aria

Hier__, in mei - nes_____ Va - ters Stät - - te,
Here my Fa - ther_____ God a - bid - - eth,

piano

hier, in
here my

(forte) E. E. 6153 *(piano)*

meines___ Va – ters Stät – – te, find't __ mich ein be-
Fa – ther___ God a – bid – – eth, here __ is rest __ for

trüb – ter Geist, hier __, in mei – – nes Va – ters
trou – bled souls, here __ my Fa – – ther God __ a –

Stät – te, find't mich ein be – trüb – – ter Geist.
bid – eth, here __ is rest for trou – – bled souls.

forte

(forte)

Hier, hier, in
Here, here my

(piano)

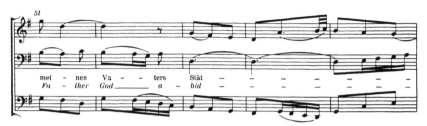

meï — nes Va — ters Stät — — — — — —
Fa — ther God a — bid — — — — —

— te, hier, in meï — nes Va — ters Stät — te,
— eth, here my Fa — ther God a — bid — eth,

find't mich ein be — trüb — ter Geist, hier, in
here is rest for trou — bled souls, here my

meï — nes Va — ters Stät — te, find't mich ein be — trüb —
Fa — ther God a — bid — eth, here is rest for trou —

— ter Geist, ein be — trüb — ter Geist, ein be —
— bled souls, rest for trou — bled souls, rest for

trüb — — ter Geist, find't mich hier _____, in mei — nes Va — — ters
trou — — bled souls, here where God _____, my Fa — ther God_____ a —

Stät — — te, hier, in mei — nes Va — — ters Stät — te,
bid — — eth, here my Fa — ther God_____ a — bid — eth,

find't _____ mich ein_____ be — trüb — — ter Geist.
here _____ is rest _____ for trou — — bled souls.

forte

(forte)

12

Da kannst du mich si - cher fin - den ____ und ___ dein
Here is peace and con - so - la - tion ____, here from

(piano)

Herz mit mir ___ ver - bin - den ____, weil ___ dies mei - ne
Me no se - pa - ra - tion ____, here have I my

Woh - nung heißt.
dwell - ing place.

(forte)

Da____ kannst___ du mich si - - cher____ fin - den und___
Here____ is___ peace and con - - so - la - tion, and___

___ dein Herz___ mit mir___ ver - bin - - den, weil dies mei - ne
___ from Me___ no se - - pa - ra - - tion, here have I my

Woh - nung, dies___ mei - ne Woh - nung heißt; da kannst du mich
dwell - ing, have___ I my dwell - ing place; here is peace and

si - cher fin - den und dein Herz mit mir___ ver -
con - so - la - tion, and from Me no se - pa -

bin - den, weil dies, dies mei - ne Woh - nung heißt.
ra - tion, here do I have my dwell - ing place.

E. E. 6153   *Da Capo*

14

4. Recitativo

Violino I

Violino II

Viola

Soprano

Ach, hei – li – ger und gro – ßer Gott!
Ah, sanc – ti – fied and migh – ty God,

80
for

Basso

Continuo

(piano)

Vl. I

Vl. II

Vla.

S.

will ich mir denn hier, bei dir, be – stän – dig Trost und Hül – fe su – chen.
Thee I yearn, to Thee I turn for con – stant help and in – spi – ra – tion.

B.

Wirst
For –

C.

E. E. 6153

VI. I / VI. II / Vla. / S. / B. / C.

Geist ver - langt nach dem, was nur in dei - nem Ho - fe prangt; mein
soul doth long, yea faint, to see the courts of God the Lord. My

Leib und See - le freu - et sich in dem le - bend' - - gen Gott. Ach,
heart, my bo - dy - cri - eth out for Thee, the li - - ving God. Ah,

Je - su! mei - ne Brust liebt dich nur e - - - wig-lich.
Je - sus, I - will che - rish Thee for ev - - - er-more.

5. Aria (Duett)

Ob.

Vl. I

Vl. II

Vla.

S.

Schmerz, nun ver-schwin – – det Ach und Schmerz.
pain, gone is an – – guish, woe and pain.

B.

Schmerz, nun verschwindet Ach und Schmerz.
pain, gone is an-guish, woe and pain.

C.

Ob.

Vl. I

Vl. II

Vla.

S.

B.

Nun ver-schwin-den al – le
Gone is sor – row, gone is

C.

22

E. E. 6153

6. Choral

Melodie: „Freu dich sehr, o meine Seele"

Soprano
Oboe
Violino I

Mein Gott, öff - ne mir die Pfor - ten sol - cher Gnad' und Gü - tig - keit,
lass mich all - zeit al - ler Or - ten schmek-ken dei - ne Sü - ßig - keit!
Op - en, Lord, to me the por - tals of Thy good - ness and Thy grace,
let me taste Thy ten - der sweetness ev' - ry hour, in ev' - ry place;

Alto
Violino II

Mein Gott, öff - ne mir die Pfor - ten sol - cher Gnad' und Gü - tig - keit,
lass mich all - zeit al - ler Or - ten schmek-ken dei - ne Sü - ßig - keit!
Op - en, Lord, to me the por - tals of Thy good - ness and Thy grace,
let me taste Thy ten - der sweetness ev' - ry hour, in ev' - ry place;

Ten. Viola
Tenore
Viola

Mein Gott, öff - ne mir die Pfor - ten sol - cher Gnad' und Gü - tig - keit,
lass mich all - zeit al - ler Or - ten schmek-ken dei - ne Sü - ßig - keit!
Op - en, Lord, to me the por - tals of Thy good - ness and Thy grace,
let me taste Thy ten - der sweetness ev' - ry hour, in ev' - ry place;

Basso

Mein Gott, öff - ne mir die Pfor - ten sol - cher Gnad' und Gü - tig - keit,
lass mich all - zeit al - ler Or - ten schmek-ken dei - ne Sü - ßig - keit!
Op - en, Lord, to me the por - tals of Thy good - ness and Thy grace,
let me taste Thy ten - der sweetness ev' - ry hour, in ev' - ry place;

Continuo

S. Ob. Vl. I / A. Vl. II / T. Vla. / B. / C.

Lie - be mich und treib' mich an, daß ich dich, so gut ich kann,
love me, Lord, and day by day guide me that, as best I may,

wie - der - um um - fang' und lie - - be, und ja nun nicht mehr be - trü - be.
in my heart I shall re - ceive Thee, nor do aught a - miss to grieve Thee.